Papai, eu quero ouvir a sua história

Published by Lulu and Bell
ISBN: 978-1-83990-437-0
Lulu and Bell 2024

Como usar este diário guiado

Usar este diário guiado é uma excelente forma de explorar e contar a história da sua vida. Ele oferece estrutura, inspiração e orientação enquanto você reflete e registra suas experiências, pensamentos e emoções. Aqui está uma descrição passo a passo de como usar este diário guiado de forma eficaz:

Estabeleça uma Rotina Regular de Escrita

Dedique um horário e um local específicos para escrever no diário. A consistência é fundamental. Reserve alguns minutos por dia ou escolha um dia específico da semana para se dedicar ao seu diário guiado. Encontre um lugar tranquilo e confortável onde você possa se concentrar sem distrações.

Leia as Perguntas com Atenção

Dedique um tempo para ler e entender as perguntas apresentadas no seu diário guiado. As perguntas podem variar desde questões específicas sobre sua infância ou eventos marcantes da vida até temas mais amplos, como crescimento pessoal ou aspirações. Certifique-se de compreender cada pergunta antes de responder.

Reflita e Escreva

Permita-se refletir sobre a pergunta antes de colocar a caneta no papel. Considere as memórias, emoções e percepções associadas ao tema. Pense em como a pergunta se relaciona com a sua história de vida e quais aspectos você gostaria de destacar. Quando estiver pronto, comece a escrever sua resposta. Seja honesto, autêntico e aprofunde-se em seus pensamentos e experiências.

Seja Aberto

Permita-se expressar tanto as alegrias quanto os desafios da sua vida. Explore suas conquistas, fracassos, lições aprendidas e o crescimento que você experimentou ao longo do caminho. Escrever de forma autêntica ajudará você a capturar a essência da sua história de vida.

Adicione Detalhes e Contexto

Ao responder às perguntas, inclua detalhes específicos, histórias e memórias que acrescentem profundidade à sua história. Descreva as pessoas, os lugares e os eventos que moldaram sua vida. Isso criará uma narrativa vívida e envolvente que destaca suas experiências únicas.

Revise e Reflita

Periodicamente, revise suas entradas anteriores para obter uma perspectiva mais ampla da sua história de vida. Reflita sobre as conexões e padrões que você observa. Isso pode fornecer insights valiosos sobre seu crescimento pessoal, valores e aspirações.

Customize e Personalize

Não tenha medo de personalizar sua experiência com o diário guiado. Adicione suas próprias perguntas, ilustrações ou fotografias para torná-lo exclusivamente seu. Esse toque pessoal vai enriquecer ainda mais sua jornada de contar histórias.

Abrace a Jornada

Lembre-se de que contar a história da sua vida é um processo que se desenvolve ao longo do tempo. Abrace a jornada e aproveite a autodescoberta e a reflexão que vêm com ela. Não tenha pressa para responder às perguntas; permita-se explorar e expressar sua narrativa plenamente.

Seguindo estes passos, você será capaz de usar de forma eficaz um diário guiado com perguntas para contar a história da sua vida. Pode ser uma experiência gratificante e introspectiva que permite você adquirir uma compreensão mais profunda de si mesmo e da sua jornada.

Infância: O Começo

Você pode descrever o dia em que você nasceu e alguma memória especial que seus pais ou família compartilharam com você?

_____
_____
_____
_____
_____
_____
_____
_____
_____
_____
_____
_____
_____
_____
_____
_____
_____
_____
_____
_____
_____
_____
_____
_____

Seus pais ou familiares compartilharam alguma memória sua quando você era bebê?

Existe algum significado ou história por trás do seu nome?

_____
_____
_____
_____
_____
_____
_____
_____

Onde você passou os primeiros anos da sua vida, e como era sua casa durante esse período?

_____
_____
_____
_____
_____
_____
_____
_____
_____

Você pode compartilhar algum marco ou conquista significativa que alcançou nos seus primeiros anos?

Houve algum evento histórico importante ou mudança cultural acontecendo no mundo durante seus primeiros anos que você se lembra?

Quais eram alguns dos seus brinquedos, objetos de conforto ou jogos favoritos para brincar quando você era criança?

_____
_____
_____
_____
_____
_____
_____

Alguém já lhe contou alguma coisa engraçada ou adorável que você disse ou fez quando era criança pequena?

_____
_____
_____
_____
_____
_____
_____
_____
_____

Havia algum livro, música ou história para dormir que você adorava ouvir várias vezes?

_____
_____
_____
_____
_____
_____
_____

Você frequentava algum grupo e tinha amigos para brincar?

_____
_____
_____
_____
_____
_____
_____
_____
_____
_____

Infância: Os Primeiros Anos

Quais são algumas das suas primeiras lembranças da infância?

___

Onde você cresceu e como era viver lá?

Você tinha algum jogo ou atividade favorita que gostava de fazer quando criança?

_____
_____
_____
_____
_____
_____
_____
_____

Quais eram suas matérias ou hobbies favoritos na escola?

_____
_____
_____
_____
_____
_____
_____
_____
_____

Você pode me contar sobre alguma tradição ou celebração especial que sua família tinha enquanto você crescia?

_____
_____
_____
_____
_____
_____
_____

Você tinha irmãos ou irmãs, e como era seu relacionamento com eles?

_____
_____
_____
_____
_____
_____
_____
_____
_____
_____

Como eram seus pais? Como você descreveria seu relacionamento com eles?

Você tinha alguma tarefa ou responsabilidade em casa quando era criança?

_____
_____
_____
_____
_____
_____
_____

Quais foram alguns dos desafios ou dificuldades que você enfrentou durante a sua infância?

_____
_____
_____
_____
_____
_____
_____
_____
_____
_____

Houve alguma viagem ou férias memoráveis que você fez com sua família?

Houve alguma amizade ou relacionamento memorável que você teve durante essa época?

_____
_____
_____
_____
_____
_____
_____

Você se lembra de alguma festa de aniversário ou celebração especial durante essa época?

_____
_____
_____
_____
_____
_____
_____
_____
_____
_____

Você teve algum animal de estimação enquanto crescia? Como eles eram?

_____
_____
_____
_____
_____
_____
_____

Havia algum livro, filme ou música que era popular ou teve influência durante a sua infância?

_____
_____
_____
_____
_____
_____
_____
_____
_____
_____

Há algo que você gostaria de ter feito de forma diferente ou alguma lição que aprendeu durante a infância que ajudou a formar quem você é hoje?

Infância: Adolescência

Qual era a sua parte favorita de ser adolescente?

_____
_____
_____
_____
_____
_____
_____
_____
_____
_____
_____
_____
_____
_____
_____
_____
_____
_____
_____
_____
_____
_____
_____

Você pode descrever sua experiência no ensino médio? Quais foram alguns momentos ou eventos memoráveis?

_____
_____
_____
_____
_____
_____
_____

Quem eram seus amigos mais próximos durante a adolescência? Você ainda mantém contato com eles?

_____
_____
_____
_____
_____
_____
_____
_____
_____
_____

Você participou de alguma atividade extracurricular ou clube na escola? Quais eram, e o que você mais gostava neles?

_____
_____
_____
_____
_____
_____
_____

Quais eram as suas tendências ou estilos de moda favoritos quando você era adolescente?

_____
_____
_____
_____
_____
_____
_____
_____
_____
_____

Você teve algum trabalho de meio período ou responsabilidades durante a adolescência?
Como eles influenciaram a sua vida?

_____
_____
_____
_____
_____
_____
_____
_____

Houve algum hobby ou interesse importante que você desenvolveu durante a adolescência?

_____
_____
_____
_____
_____
_____
_____
_____
_____
_____

Você se lembra de alguma viagem ou férias especiais que fez durante essa época?
O que as tornou memoráveis?

Havia algum artista, banda ou música em particular que você adorava durante a sua adolescência?

_____
_____
_____
_____
_____
_____
_____

Quais foram alguns dos desafios ou dificuldades que você enfrentou na adolescência, e como você os superou?

_____
_____
_____
_____
_____
_____
_____
_____
_____
_____

Você tinha algum livro ou filme favorito que teve um impacto significativo em você naquela época?

_____
_____
_____
_____
_____
_____
_____

Quais eram suas aspirações ou sonhos para o futuro quando você era adolescente?

_____
_____
_____
_____
_____
_____
_____
_____
_____
_____

Você pode descrever seu relacionamento com seus pais durante a adolescência? Como ele evoluiu ao longo do tempo?

Há algum conselho ou lição que você aprendeu na adolescência e que gostaria de compartilhar comigo?

Jovem Adulto

Você pode descrever como era sua vida quando você entrou na vida adulta, logo após terminar o ensino médio?

Quais eram suas aspirações ou objetivos de carreira durante a juventude? Eles mudaram com o tempo?

Você fez ensino superior ou frequentou faculdade/universidade? Se sim, o que você estudou e como essa experiência te influenciou?

Você pode compartilhar algum momento marcante ou conquista da sua carreira ou vida profissional no início?

___

Você morou sozinho ou com colegas durante a juventude? Como essa experiência impactou você?

___

Você tinha algum hobby ou interesse específico pelo qual era apaixonado durante esse período?

___

Quais foram alguns dos maiores desafios ou obstáculos que você enfrentou nos seus primeiros anos de vida adulta, e como você os superou?

___

Você se lembra de algum relacionamento importante ou experiência romântica que teve durante a juventude?

Como você gerenciou suas finanças e lidou com a independência financeira durante a juventude?

_____
_____
_____
_____
_____
_____
_____

Houve algum evento ou experiência marcante na vida que tenha influenciado significativamente sua perspectiva ou valores durante esse período?

_____
_____
_____
_____
_____
_____
_____
_____
_____

Você pode compartilhar algumas viagens ou aventuras que você viveu durante a juventude?

Quais foram algumas das lições ou sabedoria que você adquiriu com suas experiências durante esse período da sua vida?

___

Você teve algum mentor ou modelo de inspiração que te influenciou durante a juventude?

___

Olhando para trás, que conselho você daria para o seu eu mais jovem durante essa fase?

Amizades e Relacionamentos

Você pode me contar sobre seus amigos mais próximos em diferentes fases da sua vida?
O que tornava essas amizades especiais?

_____
_____
_____
_____
_____
_____
_____
_____
_____
_____
_____
_____
_____
_____
_____
_____
_____
_____
_____
_____
_____

Você pode compartilhar alguma história ou lembrança sobre seu(s) melhor(es) amigo(s) durante sua infância ou juventude?
_____
_____
_____
_____
_____
_____
_____

Quais eram algumas das qualidades ou características que você valorizava em seus amigos e parceiros românticos quando você era mais jovem?
_____
_____
_____
_____
_____
_____
_____
_____
_____
_____

Como você conheceu seu parceiro(a) significativo(a)?
Você pode compartilhar alguma história sobre como o relacionamento de vocês se desenvolveu?

Você se lembra de algum encontro, viagem ou experiência memorável que teve com seu parceiro(a)?

Você já passou por desgostos amorosos ou desafios significativos em seus relacionamentos?
Como você lidou com esses momentos difíceis?

_____
_____
_____
_____
_____
_____
_____
_____

Houve alguma amizade ou relacionamento que teve um impacto significativo na sua vida ou que ajudou a moldar quem você é hoje?

_____
_____
_____
_____
_____
_____
_____
_____
_____
_____
_____

Você pode compartilhar alguma lição ou aprendizado que você obteve das suas amizades e relacionamentos no passado?

_____
_____
_____
_____
_____
_____
_____

Você já teve um relacionamento à distância ou manteve amizades de longe? Como conseguiu manter a conexão?

_____
_____
_____
_____
_____
_____
_____
_____
_____

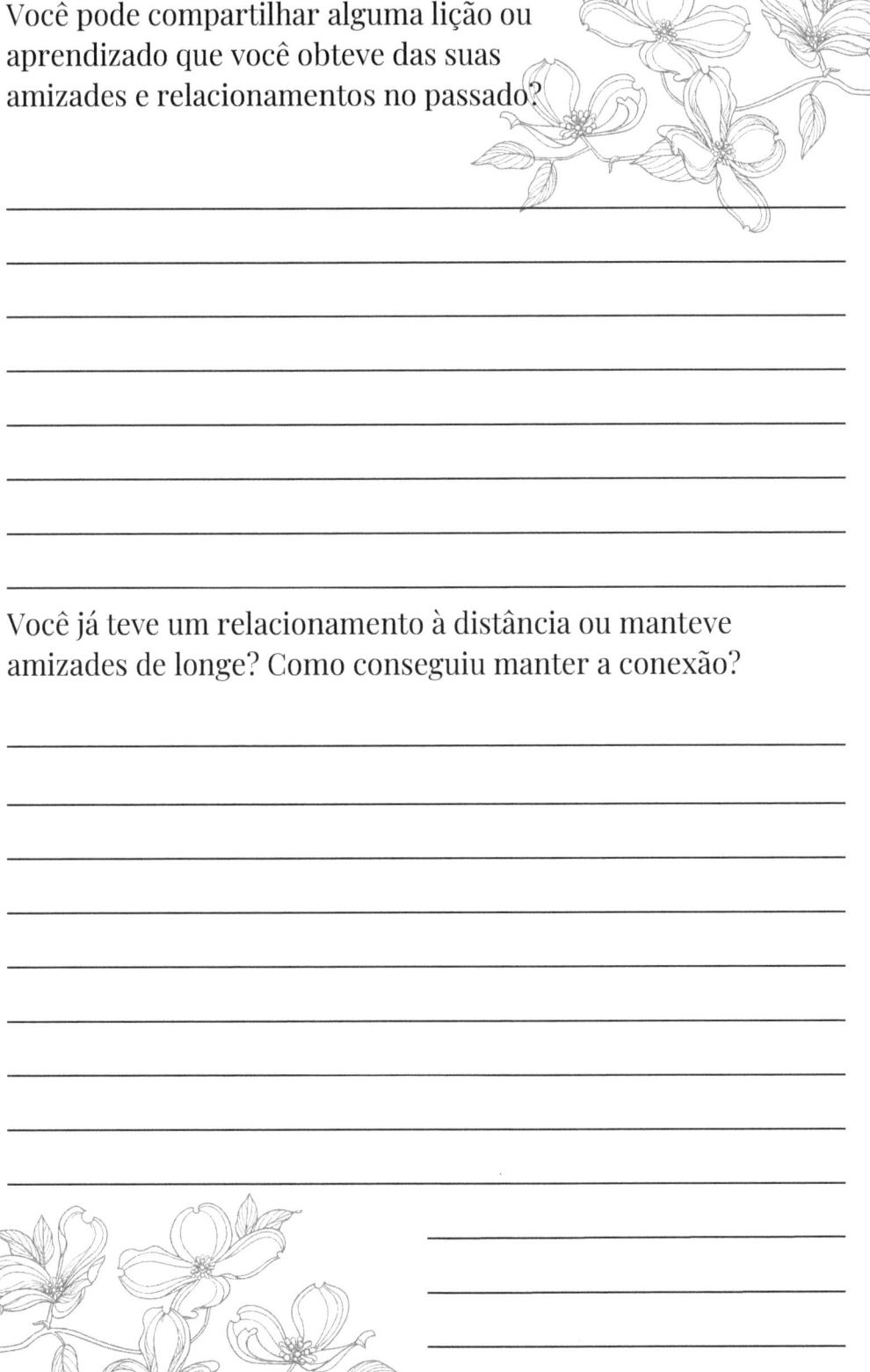

Como suas amizades e relacionamentos mudaram à medida que você entrou em diferentes fases da vida, como começar uma família ou seguir uma carreira?

Você pode compartilhar alguma história engraçada ou emocionante sobre seus amigos ou parceiros românticos?

Eventos Especiais

Você pode me contar sobre o seu dia de casamento?
Quais foram os momentos ou detalhes mais memoráveis?

_____
_____
_____
_____
_____
_____
_____
_____
_____
_____
_____
_____
_____
_____
_____
_____
_____
_____
_____
_____
_____
_____

Você teve algum aniversário ou celebração marcante que ocupa um lugar especial no seu coração? Pode descrevê-los?

_____
_____
_____
_____
_____
_____
_____

Você pode compartilhar alguma história ou lembrança de reuniões ou encontros familiares que foram especialmente significativos ou divertidos?

_____
_____
_____
_____
_____
_____
_____
_____
_____
_____

Você teve alguma grande conquista ou realização que celebrou?
Como você comemorou esses momentos?

Você se lembra de alguma viagem ou férias que se destacam como experiências inesquecíveis?
O que as tornou tão especiais?

Você já participou de algum evento cultural ou religioso importante que tenha deixado uma impressão duradoura em você?
Pode descrevê-lo?

_____
_____
_____
_____
_____
_____
_____
_____

Você teve a oportunidade de presenciar algum evento histórico ou fazer parte de algum movimento social?
Como esses acontecimentos te impactaram?

_____
_____
_____
_____
_____
_____
_____
_____
_____
_____

Você pode descrever algum aniversário especial ou momento marcante no seu relacionamento com seu parceiro(a)?

Você teve a oportunidade de conhecer pessoas influentes ou famosas ao longo da sua vida? Quem foram elas e como foi essa experiência?

___

Você pode compartilhar alguma história ou lembrança das cerimônias de formatura ou conquistas acadêmicas que foram importantes para você?

___

Você já viveu algum momento de crescimento pessoal ou autodescoberta que considera um evento especial na sua vida?

Paternidade

Quais foram seus pensamentos e emoções iniciais quando descobriu que ia se tornar pai?

_____
_____
_____
_____
_____
_____
_____
_____
_____
_____
_____
_____
_____
_____
_____
_____
_____
_____
_____
_____
_____
_____

Quais foram alguns dos maiores desafios que você enfrentou nos primeiros momentos da paternidade e como os superou?

___

Como sua perspectiva de vida e suas prioridades mudaram após se tornar pai?

___

Você tinha alguma filosofia ou abordagem específica de paternidade que te guiou como pai?

_____
_____
_____
_____
_____
_____
_____
_____

Quais foram os aspectos mais gratificantes de ser pai para você?

_____
_____
_____
_____
_____
_____
_____
_____
_____
_____

Houve momentos em que você se sentiu inseguro ou sobrecarregado como pai?
Como você lidou com esses momentos?

_____
_____
_____
_____
_____
_____
_____
_____

Como seu relacionamento com seus próprios pais ou família mudou após você se tornar pai?

_____
_____
_____
_____
_____
_____
_____
_____
_____

Você pode compartilhar alguma lição de vida ou valor importante que quis transmitir como pai?

Quais são algumas das coisas que você aprendeu ou descobriu sobre si mesmo ao longo da jornada da paternidade?

Reflexões

Como você se sente quando olha para sua vida como um todo?

Quais são algumas das maiores lições que você aprendeu ao longo da sua jornada de vida?

Se você pudesse voltar e mudar uma coisa do seu passado, o que seria e por quê?

_____
_____
_____
_____
_____
_____
_____
_____

Quais são alguns dos valores ou princípios mais importantes que têm guiado você ao longo da sua vida?

_____
_____
_____
_____
_____
_____
_____
_____
_____
_____

Você consegue identificar algum ponto de virada ou momento decisivo que tenha moldado o rumo da sua vida?

_____
_____
_____
_____
_____
_____
_____
_____

Como você acha que suas prioridades e perspectivas evoluíram ao longo dos anos?

_____
_____
_____
_____
_____
_____
_____
_____
_____
_____

Existem arrependimentos ou oportunidades perdidas que você gostaria de ter aproveitado de forma diferente?

_____
_____
_____
_____
_____
_____
_____

Você pode refletir sobre os desafios ou dificuldades que enfrentou e como eles contribuíram para o seu crescimento pessoal?

_____
_____
_____
_____
_____
_____
_____
_____
_____

Quais são algumas das memórias ou conquistas mais queridas da sua vida que te trazem alegria?

Como você se sente em relação aos relacionamentos e conexões que formou com a família, amigos e pessoas queridas ao longo dos anos?

Você alcançou os objetivos e sonhos que imaginava para si mesmo quando era mais jovem?
Como você se sente em relação a eles agora?

_____
_____
_____
_____
_____
_____
_____
_____

Como você espera ser lembrado por aqueles que te conheceram ao longo da vida?

_____
_____
_____
_____
_____
_____
_____
_____
_____
_____

Você pode compartilhar alguma sabedoria ou conselho que daria ao seu eu mais jovem, se tivesse a chance?

Pelo que você é mais grato quando olha para a sua vida?

Anotações

Anotações

Anotações

Anotações

Anotações

Anotações

Anotações

www.ingramcontent.com/pod-product-compliance
Lightning Source LLC
Chambersburg PA
CBHW041305240426
43661CB00011B/1024